JN409075

노란 장미를 임신하다

함께, 느리게, 즐겁게, 인류의 지혜를 찾아

아모르파티 시선 01

노란 장미를 임신하다

조문경 시집

손과 손
Hand & Hand

시인의 말

꿈속에서 시가 찾아왔지만
다 받아 적지 못하고 잠에서 깨어나다.
받아 적는데 5년이 걸렸다.
내게 오고 간 모든 시절인연들에게 고마움의 악수를 청하며
두 번째 시집을 묶는다.
다시 고삐를 단단히 조여야겠다.

거울-
내가 웃으니 당신도 웃더이다.
그 거울에서 향내 납니다.

목동에서 조문경

차례

제1부

제2부

제3부

제4부

작품 해설

제1부

삶을 사랑하라
아모르파티

몸속의 길

가마솥에 시래기를 넣고
장작불을 지핀다
얼마 후 굳게 닫힌 솥뚜껑 사이로
김은 새어나오며 들썩들썩거린다
웅크리고 있었을 물의 몸
쉐엑- 하는 소리를 내며
한 곳으로 힘차게
하얀 기둥을 만들며 천정으로 올라간다
티비에서 본 토네이도 모양인데
그 기둥을 물속에 숨어 있던 길이라고 할 수 있을까
어느 때까지는 기다리고
어느 때까지는 자기도 모르는 채 가지고 살던
아궁이 불이 활활 타오르자
순식간에 이뤄낸 저 길
여전히 솥뚜껑은 닫혀있지만
물은 안 것이다
몸은 가장 절정일 때 길이 된다는 것을
천정을 감싸던 김이 흩어진다
제가 오른 길을 거두어 또 다른 몸이 된다

틈새의 빛은 강하다 그 모든
생명의 길은

틈,

햇살이
유독 강한, 뒤엉킴, 긴장
들끓는
알 수 없는
터진다
고통 환희
火印
좁다
집중 정언명령
어둠에 새긴 주홍글씨
빨려든다
탄다

나는 숨을 몰아쉬고 있었다, 틈으로

주홍 배추꽃 폈다

남강 매운탕 집에서다
자판기 커피를 하나씩 들고 주차장으로 나왔는데
보슬비가 내렸다
비에 젖은 것들은 다 깊은 색을 낸다

한가롭다고 이야기해야 하나,
울타리도 있고 텃밭도 가지런한데
가만 보니
배추 고랑 배추 잎 위에
주홍꽃이다
"어머, 저것 봐"

짙은 초록잎 위에
마치 주홍 배추꽃처럼 폈다
그 순간, 사람들은 울타리 옆 능소화 넝쿨을 봤고
바람에 날려 배추 위로 떨어졌을 것이라고 생각했지만
하나 같이 다시 말했다

"저 배추꽃 참 예쁘지"

진다는 것은

요양원이다
휠체어에 정말 작은
하얀 할머니가 앉아 있다

목련 진다
떨어진 목련
참 작다

작은 목련
휠체어에 있다

함께 있던 봉사자가 수다스럽게 전했다
치매로 말을 잃었던 분이 그 순간 중얼거렸는데
엊그제 피었는데
금방 진다고…

노란 장미를 임신하다

노란 장미 앞에 머물렀다
붉은 색보다 더 강렬하다
사고 싶다
쥐고 싶다
평소에는 별로 좋아하지 않는 색이었는데
위통 때문에 죽음도 사랑할 수 있겠다고
밤새 입술을 깨물며
아침을 맞은 것뿐인데
지금 가슴이 쿵쾅거린다
알 수 없는 열애처럼
다가서게 한다
적막한 생의 방이 생긴 걸까
그 방 주인의 취향일까
붉은 입술이 아니라
노란 입술 앞에서
절제할 수 없는 유쾌함이 뛴다
갖고 싶다, 붉은 색을 노란 색으로 바꿔
아니 노란 색 얼굴이 되어
살고 싶다

길

바다 한가운데 섬이다
전신주 하나에 일정한 간격으로
까치집이 4층으로 되어 있다
섬지기인 남자가 말한다
이 섬은 태권도 4단, 연애 4단, 인생도 4단 이상인
사람만 들어올 수 있다며 웃는다
한때는 서커스에 미쳐서 쫓아다니다가
마지막 4번째 여자와 바다가 좋아
이 섬에 눌러 살게 되었다 한다
사람이 없어 무섭지 않냐고 하니
토끼와 닭들 나무와 새 물고기들이 있기에
외롭지도 무섭지도 않다며 사람이 무섭지 한다
초췌해진 내 모습을 보며
산다는 게 속앓이 할 만큼 심각하지도
좋아라 손뼉 칠 만큼 신나는 일도 아니란다
지가 좋아하는 일하면서 사는 게
내 길이려니 하란다
섬 한 바퀴 돌아보고 오라는 말에
길이 없네요 하니
만들면 되는겨 한다
그렇다, 길은 내 발끝에 있었다

꽃상여 박물관을 나오며

상여에 쓰이는
부장품을 전시하는 박물관에 갔다
들어서는 순간 내가
꽃상여 속에 있는 것 같았다
눈이 네 개 달린 목우
하늘로 비상하는 신기하게 생긴 새 밑에는
봉황이라고 적혀 있다
두 손을 모으고 다소곳이 있는 목우
거기에는 공수래공수거라고 적혀있다
착한 일을 한 사람에게는 극락 간다는 문구가 적힌
목우도 있다
목단색 노랑색 파란색 종이꽃
하나같이 큰 데다 조명까지 받아 기괴한데
그래도 꽃으로 생각되니 이상했다
혹 여기에 있는 나도 부장품 목우일까
내가 살던 세상의 것들과 비슷하면서도
뭔가 많이 다른 이것들

밖을 나오는데 문득
이 세상도 거대한 꽃상여로 느껴진다
그때 살아 있는 봉황이 하늘을
휙– 날아간 것 같았다

내가 안은 상수리나무

적석사(積石寺) 올라가는 길이다
나무들이 하나같이 사람 키 높이쯤
파여서 무늬가 새겨져 있는 것이 멋있기까지 보인다
야! 이 나무는 생긴 것이 예술이다,고 소리치니
이곳에 사는 한 분이 사람들이 그렇게 만들었다 한다
우리들은 도토리가 떨어지길 기다렸다 줍는데
도시 사람들은 그것을 못 참고 돌로 쳐서
도토리를 떨어트려 나무를 그 지경으로 만들었다며 혀를 찬다
순간 나무를 두 팔로 껴안았다
가슴과 볼을 나무에 가만히 대고 한참이나 있었다
푹 파이도록 떨어져 나간 살점, 뚝뚝 피를 흘리면서
어쩌지 못하고 그냥 하늘만 보고
고스란히 견뎠을 나무를 생각한다
바람과 햇빛, 비와 눈으로 치료를 한 것이다
해마다 도토리는 열리고 바람결에 들리는 부처님의 설법에
나무는 그렇게 용서하고 있는 것이다

마네킹을 보다

한여름 수영복을 입고
네거리에 왼종일 서 있었다
지나가는 사람들 힐끔거리며 쳐다본다
오늘은 원피스를 입었다
사람들 요리조리 만진다
어제는 긴 바지에 목까지 올라간 티를 입었다
나는 눈이 있어도 보지 못한다
귀가 있어도 듣지 못한다
입이 있어도 말하지 못한다
봐라 내 귀를
너희와 똑같지만 내부로 들어가는
길이 막혀있다 여기가
그래서 내 속은 텅 비어 있다
온몸이 막혀 열려진
마음은 피부

누가 알랴
저 마음의 백치미를

말할 수 없는 것

홀어미가 화장품 보따리 장사를 했다
어느 날 도둑으로 몰렸다
집으로 와 대성통곡을 한다
엄마가 우니 등에 업힌 갓난아이도 덩달아 울었다
무심코 엄마가 젖을 물린다
얼마 후
아이는 만족한 웃음을 지었을까
엄마도 곁에 잠들었다
다음날 홀어미 아이를 업고
다시 화장품 보따리를 들고 문을 나선다

둘 사이에 무엇이 오간 것일까
알 것도 같지만…

예고

이삼일 전부터
게시판에 글이 올라가지 않고
여러 번 거부되더니
오늘 서버가 통째로 날아가 버렸다
속수무책이다

몇 년 전 풍으로 쓰러지신
어머니 생각이 났다
병원에서 풍은 갑자기 오는 것이 아니라
서서히 온다고 했다
우리들이 눈치 채지 못할 뿐이다

지나고 나서야만 깨닫는다는 것
돌아보면 생은 연속적이다
갑자기라고, 조악하게 인식할 뿐
너에 대해

벌레가 된 먼지

마루로 해가 든다
소파에 앉아서 보니
흰 빛 속으로 벌레가 기어간다
한꺼번에 많이 움직였다가
한참을 쉬다가 다시 움직인다 종잡을 수 없다
살금살금 다가가니
다시 조금 움직인다
자세히 보니 벌레가 아니라 먼지 덩어리
오랜 시간 털에 먼지가 달라붙어
벌레가 된 것이다
다시 움직인다 내 동작에 따라 혹은 움직임이 내는
바람에 따라 혹은 숨소리에 따라
아주 민감한데
저 놈은 아주 오래 전부터
나의 움직임을 온몸에 기억해두었을 것이다
나의 움직임에 따라 움직였을 것이다
비록 지금 내 눈앞에 나타났지만

살아있다는 것은 끝없이
누군가에게 등 떠밀려 나오는 것이다
먼지가 벌레가 되어

부부

식탁에서 밥을 먹다가
뜬금없이 그 사람 잘 있나 묻는다
응 잘 있어 라고 대답하며
그 사람이 그 사람 묻는 것 맞지 물으니
그렇다고 답하는데 웃음이 났다
하고많은 그 사람 중에 꼭 집어 말하지 않아도 안다

산길을 내려오며

눈 녹아
질퍽대는 산길을 내려온다
날씨 맑아 길 좋은 날
길에 박힌 돌멩이 거치적거린다며
이유 없이 발길질한 적 있다
오늘 그 돌멩이
눈에 확 띈다
진흙에 엎어져 등을 내밀고 있다
발 딛기 편하게 반쯤만 머리통 내놓은 것
그 돌 밟고 조심스럽게 내려온다
내 발에 차인 돌
나의 두 발을 공손히 받쳐준다
할 일을 한 것뿐이라는 듯

생의 엄연함

눈발이 날리는 아버지 장례식 날이다
마당에서 분주하게 사람들 오가고
옆에선 자식들 서럽게 곡을 하고 있다
아버지 친구 분 내게 와 위로의 말을 건넨다
입덧으로 며칠째 먹지 못하던 뱃속이다
마당 뒤켠 가마솥에 끓고 있는
소머리국밥 냄새가 코를 자극한다
사람들을 빠져나와 집 뒤란에서
정신없이 먹고 나니
뱃속 아이의 발길질이 힘차다
눈발이 날리는 아버지 장례식 날이다

제2부

삶을 사랑하라
아모르파티

큰 허공

안양천변 갈대밭을 걷고 있었다
한 아이 말이 떠올랐다
하이페리온 빌딩 앞에서 2년 동안 차를 타면서도
한 번도 보지 못했는데
오늘 빌딩이 날아와 앉아 있었다고 했다

내가 걸음을 멈추었을 때
천둥오리 떼가 날아와 앉고
저기 큰 허공이 내려다보고 있었다
까-마-득-했-다

향기

19년 결혼생활 이제 정말 끝이라고
보따리 싸고 앉아 있는데
새벽에 술 취해 귀가한 남편
꽉 움켜진 두 주먹 코앞에 바짝 갖다 댄다
선물이야, 한마디 툭 던진다
거기엔 장미와 이름을 알 수 없는 여러 가지
들풀이 구겨져 있다
당신 주려고 오다가 꺾었다며
해줄 것은 없고 어쩌고 중얼대더니
그대로 쓰러져 코 곤다
구겨진 꽃잎 주워 맡아본다
훅!
코끝이 싸하다
19년 전 우리들의 香氣처럼

짧은 순간

야릇했다
방금 전까지 텅 빈 시골 앞마당에 서 있었는데
건너편 산이 내게로 오기도, 내가 가기도 하고, 둥글게 휘어져 바람 속에 숨기도, 햇살 되어 뒤란 대나무 숲이 되기도 하고, 스스스 바람 소리로 없는 문으로 들어와 인주빛 작약으로 찍히기도,
그림자도 없이
오래된 호두나무로 서 있는 듯도 하더니

잠시 마루에 서 있는데
햇살이 발끝으로 와 닿자
천지가 금빛

어머니가 불러 화들짝 정신이 돌아왔는데
멍- 하다

상족암 다녀오는 길

공룡 발자국!
눈을 감고 상상한다
수천만 년 전 거대한 동물이 뛰어 놀던 곳
거대한 티라노사우루스에 쫓기면서도
전쟁도 평화도 몰랐던 초원

배경은 사라지고
커다란 조형 공룡 하나가 바다를 본다
기념비는 기념비에 갇히고
바닷가 바위에 움푹 패여 물이 고인 여러 개 공룡 발자국이
전부인 상족암

그 앞 바닷가에서 굴을 따던 할머니
이 발자국이 뭐 볼 게 있어 예까지 왔냐며
경치가 더 좋다고 하신다
본다, 수만 년 쌓이고 깎인 퇴적암과
거기에 뿌리를 내린 나무들

집으로 오는 내내
공룡이 사라진 마음속에
새까맣고 굴껍질 같은 할머니만
쿵- 쿵- 따라왔다

밥

외출 후 돌아와
밥을 허겁지겁 먹었다
배불러 쉬고 있는데
위층에서 잠깐 보자고 해 갔더니
상추에 푸짐한 밥상이 차려져 있다
방금 먹었다며 사양을 하는데
주인은 끝없이 권한다
식탁을 본다
뚝배기에 된장이 끓는다
기름기 흐르는 밥
수저가 가지런히 놓였다

식욕은 배고픔에서 오는 게 아니리라

깔딱고개

아침나절에 동네 산을 올랐다
한참 올라가다 본다
같이 가던 사람이
누군가랑 약속을 하였나보다
깔딱고개에서 만나기로 했는데
어디 있냐며 핸드폰이 왔다
옆에서 듣고 있다 생각하니
서로 다른 곳에서 기다리고 있었다
살아가면서 각자의 힘든 고비가 다른데
자기가 알고 있는 것만 생각하게 된다
그렇게 우리는 엇갈려 있었다고 생각하는데
갑자기 소리가 들렸다

"야 너 깔딱고개는 거기냐"

나비 떼

문득 마당을 보니
수십 마리 흰나비 춤춘다
종잡을 수 없이
하나 둘
휙 날아들고 나가고
솟구치고 땅바닥에 닿도록 내려앉고
하나 둘
길 없는 길 낸다
햇살 끝 터져
또 한 마리 날아오르고 날아간다
이어지고 이어지고
비어도 가득 찬
어질어질 나비 떼

눈물 흘릴까
가볍게 날아오를까
순간 이 세상이 귀한 선물 같아라
極彩色 흰 빛

사랑

함석판 위에 고추가 널려 있다
온통 불그스름한 저 아프지 않는 고통!

운길산을 오르며

때로는 높은 산에 올라가서 뒤돌아볼 일이다
평소에 가고 싶었던 운길산 산행을 따라 나섰다
기대감에 부풀었던 것과는 달리
가파른 산비탈에 주위의 경관이 좋은 것도
아름드리나무들이 있는 것도 아닌
여느 산보다 못한 산길이다
그럼에도 불구하고 산행은 계속되었다
땀이 사타구니까지 줄줄 흘러내리는 몸으로
낑낑대며 올라가다 뒤돌아본 산
뜻하지 않은 아름다움이다
탄성이 절로 나왔다
북한강과 남한강이 만나는
양수리의 드넓은 수면이 바람 따라 꿈틀대며
멀리서 보이는 작은 섬들이 그림처럼 보인다
첫사랑의 연속극 촬영지로 유명했던
두물머리에 서있는 아름드리나무가 영화의 한 장면 같다
그 옆의 쓰레기더미까지도 좋아 보인다
앞만 보고 달려온 내 생을 뒤돌아본다
태어나서 두 달 만에 맡겨져야 했던 일
대학을 가겠다고 집 뛰쳐나와
후암동 다다미방에서 자취하던 일

첫사랑에 실패한 일
빛과 소리도 차단된 채 방에서 한 달여 동안 지내야 했던 일
산 중턱에서 숨 한 번 몰아쉬고
내려다 본 산 아래의 풍경이
사소하게 한다, 내가 살아온 생을
흠뻑 땀으로 젖은 내가
다 긍정되는 순간이다
다시 또 일어나 산을 오른다
더 높은 곳에서 나를 보고 싶은 것이다

생리대를 갈며

요지는 이렇다
20년 동안
거기 염증으로 산부인과를 달고 살았다
한 달에 한 번 의사에게 보이고
소독과 주사약을 처방 받았다
자궁이 약한 탓이거니 하며
내가 할 수 있는 일이란
남편에게 미안해하며
염증 걸리지 않게 조심하는 일
더 좋은 생리대를 사는 것뿐이다
아무리 조심을 해도 염증은
저 혼자 심해지기도 하고 약해지기도 하고
한 달에 한번 그렇게 20년 동안
한 달에 한번 그렇게 20년 동안
대중목욕탕도 안 가며
생의 절반이 염증에 가 있었다고 생각해 봐라
그런데 우습게도 면 패드를 사용하고부터 사라졌다
사용한 그 달부터 신기하게 은총 받은 것처럼
어처구니없는 일이 벌어졌다
강변해보자

구원은, 면 생리대에서 왔다
한번 쓰면 빨고 삶고 햇빛에 널어 말려야 하는
불편함에서

아름다움에 대해

피자두
속살 같던

몇 년 전 충주에서 노을을 봤다
너무 아름다워 올라오는 내내 주홍빛 하늘을 떠올렸다
아무리 표현하려고 해도
지금까지 되지 않는다

아름다움은 내용이 없고*
순간으로 영원하다

마흔 무렵
내 몸을 빠져나간
다홍빛처럼

---

* 김종삼 시 「북 치는 소년」에 "내용 없는 아름다움처럼"이라는 구절이 있음.

일출

해돋이를 보러 갔다
흐리고 구름이 끼어
불그스레하다
감춰져 드러나는 것
마음으로 떠오르는 해를 그려 본다
절정은 마음에만 있는 것인가
실망한 사람들이 우르르 내려가고
나도 아쉽게 돌아서려는데, 순간
내 몸이 발끝까지 붉다
구름이 열리며 아주 잠깐
용광로의 눈은 떠진 것
기다림이 없었더라면 소용없었을 일출
다시 구름 닫히고 사라진 것이
내 안에 뜨겁다
내가 된 역사가

더위와 노는 아이처럼

아이들 웃음소리에 본다
두 놈이 수건 하나를 서로 목에 걸고
이리 당기고 저리 당기며
머리와 어깨를 부딪치며
언덕을 뛰어 내려간다
너무 더워 개 혓바닥처럼 척 늘어진 길을
소리 지르며 슬리퍼 소릴 내며
그야말로 땀 뻘뻘 흘리며
미끄러져 간다 언덕 골목을
크지도 않은 저 수건은 필시
땀 닦으라고 그 어미가 준 것일 텐데
그것으로 논다 더위도 잊고
하도 재밌어 삼복더위도
아이들과 함께 땀 뻘뻘 흘리며
따라서 뛰어 내려간다
잠깐! 차가워진 고요

유독, 나뭇잎 하나가

몇 사람과 뒷산을 오른다
상수리나무 위 하늘이 참 높다
참 높다 하고 보고 있는데
나뭇잎 하나가 유독 흔들린다
바람도 없는 것 같은데
유독 한 이파리만 흔들린다
뒤트는 것 같기도 요동치는 것 같기도 춤추는 것 같기도 하고
화사하게도 느껴진다
옆 사람에게 저것 좀 봐
저것만 유독 흔들리네 하니
잠깐 나뭇잎을 보다가
빨리 가자며 손을 끈다
응- 하며 고개 숙여 발을 내딛는 순간
나만 유독 떨고 있었는가
무리들은 수다를 떨며
아무 일 없이 그냥 앞서 가고 있는데
바람 한 줄 이마를 쓸고 갔다

제3부

삶을 사랑하라
아모르파티

싹 틔었다

바람이 거세다
창문 안 버티컬이 흔들린다, 꽉 막혀 있어도
스민다는 것
듣는다는 것
속이 울렁거린다
내 허벅지가 서늘하다
베란다 화분에 연두색 싹이 터졌다

귀는 너의 것

내 속살을 여는
봄바람 거세다

파계(破戒)

목백일홍꽃 날린다 대낮, 그 빛의 알몸 속으로-

보리밭은

보리밭이 출렁하는데
내가 출렁한다
보릿대가 반쯤 기우는데
내가 반쯤 눕는 듯하다
바람이 가셨는지 보리가 서서는
조용히 제 힘으로 흔들린다
내가 흔들리는데
가시 같은 보리 수염에 햇살이 반짝인다
가슴에 황금알들이 박히고
다시 내가 출렁한다

대답이라는 것이 이렇게 많나 보다
바람은 그냥 지나는 것이 아니라는 듯
연신 출렁인다, 보리는
"네"하며

지붕과 어머니

지붕을 손 봐 달라 한다
우리가 보고 싶은 것이다
귤 한 박스와 사골, 과자와 동네 어른들
드실 술을 냉장고에 가득 채웠다
지붕에 쌓인 낙엽을 쓸어내리고
집안 이곳저곳을 치우고
방에 앉아 쉬고 있는데
어둡기 전에 올라가라며 등 떠미신다
아니라고 해도 계속, 일어날 때까지
어여 올라가라고
나는 안다 잡는다는 것을
내 새끼를 떼어놓고 오는 듯
짠한 마음 모퉁이를 돌아설 때까지
지팡이 짚고 보신다 우리가 멀어진다
정작 어머니와 하룻밤을 자드리는 것이
전부인 것을 알지만
자식들은 어머니 가장 먼 곳에서 산다
지붕도 없이

제비꽃

천둥과 비바람으로 벚꽃 졌다
어제만 해도 눈부심으로 사람들 열광했다
꽃잎 떨어진

고개 숙여야
볼 수 있는 거기
보랏빛 모으는
입술,
제비꽃

어제는 번개에 깨진 어둔 하늘
비바람의 살내 모았으리
오롯한

모든 발돋움은
호흡 가쁘다
하나의 이상은 떨어졌고
땅의 명령은 지금, 제비꽃
도도함이다

거리에 대해

아파트 화단을 지날 때
은은한 꽃향기가 났다
둘레둘레 살피던 남편이 화단 쪽 꽃을 보더니
다가가 코를 대고 냄새를 맡는다

너무 독하네

쪼그려 앉아 나를 보는
남편 어린아이 같다
그도 저만큼에서 향기로운가

그리움

팔십이 넘은 할머니가 밭에서 일하다
허리를 다쳐 꼼짝없이 누워 있고
구십이 된 할아버지가 수발을 드신다
다니러 온 아들 친구 내외를 보며 눈물을 글썽이신다
돈 벌러 외국 간 아들 못 본 지가 벌써 5년이 넘었다며
남편의 손을 잡고 놓을 줄을 모른다
몸은 건강한지 언제쯤 들어오는지
혹여 당신들이 짐이 될까봐 못 오는 것은 아닌지
아들 친구를 붙잡고 꼬치꼬치 물으신다
그런 것은 아니라고 이제 곧 올 거라며 애써 위로해 보지만
노인은 열린 방문 사이로 먼 곳만 응시할 뿐이다
가야겠다고 일어서는 발길이 무겁기만 한데
나올 수 없다며 누워서 눈길만 보낸다
대문 앞에 긴 대궁으로 올라온 파꽃이
노부부의 마음을 전한다

나팔꽃을 봤다

아파트 정향나무에 묶여 있는
오래된 자전거 바퀴살 사이로
나팔꽃 폈다
버려진 자전거는 예서 한여름을 난 것 같은데

혼자가 된 친구를 만나는 자리에서도
낡은 자전거와 나팔꽃이 자꾸 떠올랐다
폐허로부터 흰 속살을 열어
보랏빛으로 번지던
나팔소리

나는 감상에 젖어 생각한다
이유도 모르는 채 묶여 진 상태로 버려진 자전거와
그 마음이 되어 핀 꽃
자전거 살이 터져 핀 나팔꽃-
생각이 여기에 미치자 왠지 기분이 좋아져
돌아오는 길에 다시 본다

바람 불고
나팔꽃은 목을 반쯤 돌린 채 필사적이다
안쓰러워 가까이 다가가 보니
낡은 자전거 살 전부 힘이 들어간 넝쿨손이다
아름다운 관계일지라도
제 몫의 고통은 수반된다

꿀맛

쉬다가
살풋 든 잠
내가 잠잔 것 같지 않은 잠이
꿀잠이듯

국수를 삶아 헹구며
한 가닥 입술에 대었을 때
하얗게 그리고 아무 맛 없이
퍼지는 어떤 맛

바람을 향해 입을 벌릴 때
바람을 빨아들일 때
몸이 부풀어 오르는 듯 느껴질 때
혀끝에 남는 맛

머릿속에
환하게 머무는
맛 없는 맛
꿀맛은 달지 않다

웃고 있다

여고 점심시간
변기가 막혔나 보다
똥 한 덩어리 동동 떠 있고
한 아이가 펌프질을 한다
뿌걱뿌걱
물이 튀고 똥 덩어리 요동친다
갑자기 낄낄거린다
옆에 아이를 쳐다보더니 서로 웃는다
개그맨처럼 뚫어뻥을 번쩍 들고
깔깔깔 웃는다
뭐가 저렇게 재밌을까
뒤에서 뻥하게 보던 친구들
찡그리면서도 웃는다
물이 솟구친다, 넘친다
발을 피해 깡충거리며
하얀 교복의 아이가 떠나갈 듯 웃고
뒤에선 아이들 와와 소리친다

때론 웃음도 내 것이 아니다
화장실이 깔깔대고 웃는다

산 같다고 하지만

사람들은 나를 산 같다고 한다
변함없이 자리를 지키는 것
말을 다 들어주면서도 옮기지 않는 것
듣기 좋은 말이다
하지만 내가 걷는 산은
험하다 길은 벼랑을 안고 있고
묘하다 다가갈 수 없는 곳에 절경을 두고
유혹한다 산은
사계절을 흘려보내며
끊임없이 변한다
결정적으로 산은 말을 옮기지 않는 것이 아니라
애초부터 말을 하지 못한다
얼마 동안은 좋고
얼마 후에는 답답하다
사람들은 자기가 믿음직함을 바랄 때
믿음직함을 사랑한다
사람들은 나를 산 같다고 한다
그 말 가만히 듣고 있는 동안
가을 간다

생은 늘 그렇게

한여름
길을 걷던 어린아이가
건물 밖으로 뿜어내는 뜨거운 에어컨 바람을 맞자
엄마를 올려보며 말했다

엄마, 사람들이 전부 겨울에 태어났으면 좋았을 거야.
그럼 이런 바람이 없잖아

엄마가 아이에게
그럼 여름은 없어지잖아

그 말을 들은 아이가 잠시 생각하는 듯하더니
즐겁게 말했다
어, 그러네

그때 엄마와 아이는 벌써
더운 바람을 지나
저만치 가고 있었다

어떤 밥상

– 우리는 너무 많은 것을 버린다 어머니도!

아파트 분리 쓰레기통
음식물이 넘쳐 뚜껑은 열려 있고
햇볕이 내리쬔다
썩은 양파를 버렸는지
양파 껍질이 반짝이는데
고개를 내밀고 있다 아직은 노란 꽃 같은 그 싹
묵은 김치 국물이 흘러내리고
역한 냄새와 함께 사과껍질이
통에 걸쳐 늘여져 있다
오래 전 어머니는 사과를 깎으며
껍질은 당신이 드셨다
아무도 손대고 싶지 않은
그 사과껍질이 흔들리자
옆에 있던 벚꽃나무에서
꽃잎이 날려 음식물 위에 떨어진다
만약 그 자리에 흰 식탁보에 단정하게 차려진
가든식 식탁이 있었다면

그래서 궁금하다
저 밥상은 누구를 위해 차려진 것일까

어느 날은

사람들이 걸어간다
갑자기 참 신기하다
저렇게 걷다니

꽃이 있다
참 신기하다
이런 게 예쁜 것인가

찻잔을 본다
마치 구름이 흘린
하얀 똥 같은데
어떻게 탁자에 있을까, 향기롭게

그럼 어느 날은
길가에 나무들이 씩씩하게 걸어다니다가 날 보고
신기하다고 참 신기하다고
쓰윽
다가올 수도 있겠구나

이런 풍경

캄캄한 밤 운동장
와–
우– 우– 우–
치마 말기를 팬티 속으로 밀어 넣고
허연 허벅지를 드러낸 여신들이 뒤엉켜
리어카를 끌고 타고 밀고
우– 우– 우– 소리치고 웃고
가디건을 벗어 허공을 휘저으며
함성 지른다
더 빨리 더 빨리–
캄캄한 운동장을 달린다, 들소처럼
교사(校舍)도 들썩들썩한다
리어카 난간에 올라서서
타이타닉 흉내를 내듯 팔을 벌린 채
와– 와– 와–
붉게 달떴을
저 얼굴들
(실인즉, 여고 야간자율학습 쉬는 시간 운동장 한쪽 귀통이에 있던 리어카를 보고 누군가 우리 저거 한 번 타보자며 끌고 나왔고 한두 명이 엉거주춤 뒤에 올라타기 시작하던 것이 만들어낸 풍경이다. 밤 10시쯤)

제4부

삶을 사랑하라
아모르파티

저 노랑꽃

팔 차선 왕복도로
복사열로 길이 떠 있는 것 같은데
분리대에 핀 목이 긴 노랑꽃
염화시중이다
차가 달릴 때마다 온몸이 부서질 듯 요동치지만
차 없는
아주 짧은 순간
보아라, 그림자도 없이 날아오르는 저 웃음
생은 자기가 세우고 노는 것
다시 요동친다
저 가는 모가지 진노랑꽃
아스팔트를 지배한다

노랑꽃
땡볕에 불붙다

문을 생각했다

나는 종일 문을 열고 닫았다
방문 현관문 엘리베이터 문 승용차 문
삶은 문으로 연결되어 있다
병원을 다녀오기까지 수없이 많은 문을 열었고
열 때마다 다른 세상
다른 내가 있었다

곰곰이 생각해 보면, 다른 것 사이에는
모두 문이 놓여 있고
열지 않으면 갇히는 거다
(종종 자신에게 갇히는 경우도 있다)
아니 죽음이 될 수도 있다
여기와 저기, 나와 또 다른 나를
나누고 다시 잇기도 하는 문

문득 그 문 위에는
어떤 문구의 간판이 걸려 있으면 좋을까 생각하다가
찬찬히 내 몸을 내려다본다
오늘 내가 여닫은 문만큼
세상이 여닫고 지나기도 한 나라는 문은
때로 기쁘기도 때로 슬프기도 했다

춤추듯이

사람이 유독 많은 공원이다
흰머리 할아버지가 쏜살같이 와 자전거에서 내리더니
양말 벗고 발 지압하는 자갈길로 들어선다
다른 사람들 걷는 모습과 많이 다르다
앞으로 세 발자국 뒤로 두 발자국 가더니
빙그르르 한 바퀴 돈다
양손은 누구를 안은 듯 벌리고
그래 춤추듯이 리듬을 타며 걷는다
가만 보니 허리에 찬 카세트테잎에서
작게 음악이 나온다
쿵작 쿵작 쿵짜작 쿵작
아랑곳하지 않고 춤춘다
내가 옆에서 유심히 보자
할아버지가 웃는 얼굴로 휙 쳐다보며
인생은 일장춘몽이여 즐겁게! 하시곤
다시 춤 동작에 열중이다
조금 멍하게 보고 있는데
갑자기 휘파람을 휘익 불며 멈추더니
나를 향해 손을 번쩍 들어 보이고는
자전거를 타고 쌩 사라진다
정말 눈 깜짝할 새 펑-하고 사라졌다

지독한 슬픔

의지하던 큰아들의 뜻하지 않은 죽음으로
어머니 곡기를 끊고 누우시더니 일어나질 못하신다
아예 말문을 닫고 보려고 하지도 않으신다
급기야 대소변을 받아내게 되었다
움직일 수 있는 것은 왼손 하나다
무슨 생각을 하시는지 잠만 주무시다가
멍한 눈으로 허공만 쳐다보는데
이삼일 전부터 이상한 버릇이 생기셨다
손을 음부로 갖다 대며 빙긋이 웃는 게 아닌가
엊그제 목욕탕에서 고등학생쯤 보이는
조금은 바보스럽기까지 한 여자 아이가
비누거품으로 자신의 성기를 가지고 장난하며
누구의 시선도 아랑곳 않고
히죽대며 웃는 모습에 민망해서
얼른 고개를 돌렸던 기억이 난다
지금 어머니의 모습에 그 여자 아이의 얼굴이
겹쳐지면서 본능이란 말이 입 안에서 맴돌고 있다

그냥

그냥이라는 말 참 좋아요
그냥 설거지하고
그냥 아이들 방 획 둘러보고
웬일인지 발이 가벼워져
물 한 그릇 떠가지고 베란다로 가서 화분에 물주고
그냥 하늘 쳐다보고
그냥 눈부시고

기분이 좋아
대문짝만한 냉장고 문을 열고
냉수 벌컥벌컥 들이키고

그냥

가끔 궁금해지는 것들

투실투실한 미 다방 레지 언니
읍내 유리 집 번쩍이는 거울들이 진열된 앞에서
그림 그려 팔던 비쩍 마른 떠돌이 간판장이와
눈 맞아 살림 차렸는데
하루가 멀다 하고 치고받고
눈두덩이 멍들어 주인집으로 쪼르르 달려가던
그이들

형제옥 골목 그 집 그 셋방
낮에도 레코드를 틀어놓고
둘이 부둥켜안고 춤추던
동네 아이들과 몰래 숨죽여 엿보던
지금 생각해 보니 그냥 아줌마 아저씨였던
항상 올린 머리에
가끔 민소매 옷도 입고 나타났던
잔잔한 웃음을 달고 다니던
우아한 그 여자

똑똑하고 딱 부러져
친구들로부터 시새움 받던
까무잡잡한 얼굴 자그마한 키에
생머리를 궁둥이까지 늘어뜨렸던 그 아이
중학교 때부터 잘 생긴 외지 군인하고 연애하더니
결국 세 번이나 결혼을 했다고
아직도 시새움 받는
이제 혼자되어 미장원을 하고 있다는

깊은 대화
–산림욕장에서

두 팔 벌리고 걷는다
안내문에는 오욕칠정의 감정을 토해내고
명상의 시간을 가지라 한다
나무와 대화하세요 라는 푯말도 있다
나는 팔을 벌리고 깊게 숨을 들이마신다
가슴을 쭉 펴니 기분이 좋다
가슴 펴는 일도 오랜만에 해보는 것 같다
나무가 뿜어내는 숨을 들이마실 때
내 눈과 마주친 나무는 건장한 전나무다
내 키에 열 배도 넘는 초록의 위엄
가만 보니 그 옆에도 그 옆에도
여러 종류의 나무들이 나를 본다
한곳에 붙박이로 서 있는 저 나무들은
물론 나를 들여 마셨을 것이다
아이들부터 중풍노인까지 긴 행렬
나무속으로 들어갔다 나오고
나무도 팔을 벌리고 숨을 깊게 들이마시다 뱉어 낸다
오욕칠정의 감정, 저 사람들의 행렬

나는 부자다

지하철 오목교역
의자에 앉아 기다리는데
할머니가 말을 건네 온다
이 5호선은 사람이 별로 없네-
2호선은 사람이 많아 복잡하던데-
이곳에 유명한 관절치료전문 병원이 있다고 하여
춘천에서 올라왔는데 지갑을 잃어버렸다고 했다
한 손으로는 다리를 만지고
다른 한 손으로는 연신 이마와 눈가를 닦으며
고속버스 타고 갈 차비 7천원만 달라고 했다
잠시 멈칫하다가
상습적이구나 생각했지만
지갑에서 5천원을 꺼내줬다
너무 쉽게 돈을 건네주어선지
할머니는 나를 뻥하게 쳐다보았고
나는 싱긋 웃어주었다

왜 줬을까 묻지 말자
나는 부자였으므로

대접을 받다

시골 근처에 부모가 돌아가시고
거처하지 않은 집을 개조해서
방 하나를 황토방으로 만들었다며
평소 절절 끓는 시골 방에서 자보고 싶다고
노래하는 나를 구경시켜 준다며 함께 갔다
텃밭에 배추와 순무, 아욱, 몇 개 달려 있는 감나무와
단풍으로 물들은 산이 있고
언덕 너머 예배당 종탑이 보인다
파란 하늘과 시간이 정지된 듯한 고요함뿐이다
주인은 들락날락하며
아직 부엌살림이 다 정리가 되지 않아
대접할 게 없다며 미안해한다
나에게 더 이상의 대접이 필요치 않았다
그냥 가만히 툇마루에 앉아
그들의 말하는 소리를 들으려 귀 기울였다
지금 이 모습 그대로의 모든 것들이 내게는 커다란 선물이다
영원히 영원히 잊혀지지 않을

마흔여섯에

일몰을 본다
바람이 불어와서
귀밑머리를 흔든다
이 바람은 어디서 온 것일까
내 나이 마흔여섯
지금의 나와 저 검붉은 빛
우연히 마주친 옆 사람의 얼굴에 스친 쓸쓸함을
나는 얼마 전까지도 알지 못했다
난 전부 어디에서 온 것이고
또 어디로 갈 것인가
내가 쥐고 있는 기쁨도
가슴에 새긴 고통도
바람처럼 나를 지나
또 어디로 갈 것이다
거기, 어디쯤 하늘은 맑겠지
거기 어디쯤, 또 꽃이 피겠지

해가 잠긴다
지금 종이컵 커피는 차갑게 식었지만
지독히 달다

생을 사랑한다는 것은

17살 여고생이 부모의 손에 이끌려
산부인과 병원에 들어섰다
그 옆의 남학생은 고개를 숙이고 서 있다
웅성거림과 함께 진료실로 들어가더니
빨리 올라가란 조금은 화가 난 목소리가 새어나오고
흐느끼는 그 여자 아이의 목소리가 들린다
못된 송아지 엉덩이에 뿔 난다더니
사고를 쳤으면 말이라도 잘 들어야지 하는 소리가 들리는 것 같다
울고불고하는 실랑이가 오고가더니 부모의 손에 이끌려
수술대 위에 눕혀졌나 보다 생각했는데
조금 후 여자 아이의 절규하는 소리가 들렸다
내 몸에 손대지 마, 생명을 죽일 수 없잖아!
사랑하는 사람의 아이를 가졌노라고
모든 것을 감수하고라도 아이를 낳겠다는 말에
의사는 수술을 포기하고 부모님 설득에 나섰고
학교에서 장학금까지 받는 모범생이라며
부모는 누구 신세 망칠 일 있냐며 의사를 원망하며 황당해한다

혼자 아이를 낳을 수 없으니
도움이 필요할 때 언제든지 연락하라며
그 여학생에게 명함을 부모 몰래 건네준다
배를 감싸며 부모와 함께 병원 문을 나서는
그 여자 아이를 바라보는
노 의사의 눈길이 멀리까지 함께 한다

부탄가스를 갈며

가스가 꺼졌다
교환을 하려고 가스를 잡으니 차다, 정말 차다
몸통에 이슬이 맺혔다
옆 세숫대야 속에는 빨래가 펄펄 끓고 있는데
가스는 제 몸을 태우면서 차가워진 것이다
격정의 사랑 후
화석이 된 얼굴을 떠올린다

나는 볼 수 없었지만
聖女의 몸은
젖어 있을 것이다

소리가 들리다

구름산 중턱 가리대 광장
주위가 어둑어둑해지고
사람들 하나 둘 하산을 한다
커피와 막걸리를 팔던 노부부
주위를 청소하더니 짐을 꾸리고 내려가고 있다
갑자기 소란스럽던 산이 적막하다
풍광이 어두워지면서
바람 소리 새소리가 들려오고
어디서 날아왔는지
새 한 마리 나뭇가지에 앉아
노부부 배웅한다
사람들에게 자기 자리 비켜주다가
이제야 집으로 돌아온 듯 평온하다
주위가 사위어가서야
여기저기 새소리와 숲들의 수런거림 들린다
소리 들린다, 어둠 속의 밝음이여!

아름다움에 대하여

–달 항아리

은은한 청자 빛으로 선이 곱게 내려온 도자기
꽃을 꽂아 놓기도 갈대를 꺾어 놓기도 했다
티비 옆에서 소파 옆으로 옮겨 다니며 오갈 때마다
그 빛 참으로 좋다며 눈길 보내기도 했다
어느 날 티비 진품명품 채널에서
모 연기자가 가지고 나온 도자기가
달 항아리로 5천만 원으로 가격이 책정되었다
그 후 그것과 똑같이 생긴 거실에 있던 도자기
꽃은 모두 버려지고 보자기에 보물처럼 싸여져
가장 은밀한 곳으로 들여가 모셔 놓게 되었다
청소할 때도 조심스럽다
행여 명절에 아이들이 올 때면 그 방은 자물쇠로 채워졌다
처음 도자기가 내게 왔을 때의 아름다운 빛깔은
이미 거기엔 없었다

옛 선인들은
왜 아름다움이라 하는 것은 쓸 수가 없다고 했을까

功不可取, 美不可用.(공불가취, 미불가용.) 공이라는 것은 취할 수 없는 것이요, 아름다움이라 하는 것은 쓸 수가 없는 것이라는 말이 있다.

주천강

단침을 삼키며 그대 생각한다
내가 삼키는 한 모금의 침
밀려, 내 살 붉게 만들고 울렁거리나니
그대 있는 주천강에 닿으리
그 물로 당신 손을 씻으리

눈물 흘리며 그대를 생각한다
내가 흘리는 이 눈물
그대 있는 주천강가에 닿으리니
들일을 하고 와 그대 잠시 먼 산 보다가
등에다 물을 끼얹으면
소스라치게 튀어 오르는

그리움도 없고
미움도 없는 그대 사랑이여
내 입 속으로 고이는 침
등으로 흐르는 주천강
소용돌이친다, 내 몸속 온통 맑은 물이여

일몰을 보고 온 날

낙조대 가는 돌계단에서
일몰을 보고 온 날, 아니
끝까지 보지도 못하고
울렁거리는 속을 누르고 누르며
내려온 날이었다

어디서나 해가 진다
수없이 빛나고 깨지고 다시 터지는 긴 까치놀의 춤
속이 울렁거리고
땅이 오르락내리락 한다
세상도 온통 일몰

주황색도 아니고 붉은 색도 아닌
알 수 없는 섬광으로
순간순간 변하는
변하여 빛일 수밖에 없는
장엄함

데이트하던 남녀도
카메라 각도를 잡기 위해 부산스럽던 사진작가들도
바다와 나조차도
섬광 뒤로 사라졌느니
왼종일 울렁거린다
깊게 사랑한 날이다

삶을 사랑하라
아모르파티

●작품 해설

삶을 긍정하기와 긍정의 혼돈 사이에서

황규관 | 시인

1.

고 박홍규 교수는 「희랍 철학 소고」라는 글에서 그리스 철학의 태동 배경을 이렇게 적은 바 있다. “아리스토파네스의 희극이 대변하고 있듯이, 기본적인 공동체가 되는 가정도 파괴되었다. 가족은 동일한 선상에 서 있는 사람들의 집합으로 간주되고, 가정을 지배하는 독특한 법칙은 사라졌다. 가정이라는 구성체는 해체되고 다만 그 구성 요소들의 집합과 이산이 있을 뿐이다. (…) 플라톤에 이르러 종합적이고 큰 철학이 탄생한 것은 해결해야 할 커다란 문제가 제기되었기 때문이다. 그 문제의 많은 부분은 문화의 몰락과 사람의 해체에서 온다. 인위적인 것이 아직 자각되지 못했던 시절의 산물인 신화의 몰락과 더불어 희랍 철학은 탄생했지만, 플라톤의 시대처럼 인위적인 것 뿐 아니라, 사람의 본성에 입각한 모든 것이 해체의 위기에 놓여 있던 시대는 없었다." 즉, 신화의 시대가 저물어 가는 과도기의 그리스에서 그리스의 사람들의 삶도 일대의 혼돈에 휩싸였다는 것이다. 이런 때면 고개를 드는 것은 기왕의 인간 본성의 '타락'과 새로운 인간 본성의 '탄생'이다. 이런 일은 그 이후 역사에서 반복되는 문제이긴 하지만 정신사적으로 새로운 인간 본성의 탄생은 "필연적으로 존재론을 요구한다."

구체적인 역사적 사건에는 차이가 나겠지만 삶은 어떤 식으로든 반복된다. 비근하게 자본주의의 고도화로 빚어진 지금의 우리 모습은 어떤가. 모두들 자본의 타자로서 존재하고 있는 것은 아닌가? 인간의 얼굴이 자본의 얼굴과 얼마만큼 유사해지느냐에 따라 분배받은 권력과 욕망으로 인해 기이한 인간 본성이 탄생한 건 아닌가? 이 때 우리에게는 "필연적으로(새로운) 존재론"이 요구되고 그 존재론은 새로운 삶의 양식을 현실화시키는 잠재태가 된다. 바꾸어 말하면 새로운 삶의 양식을 창조하는 일은 단지 기술적인 문제로는 아예 불가능하기 때문에 '존재론'이 필요하게 되는 것이다.

이러한 문제의식 없이 단지 지적 유희 정도로 혹은 저 거대한 괴물인 자본의 상품 미학에 빠진 상태에서, 최근 인구에 회자 되는 '긍정'을 말하게 되면 그것은 참으로 어찌할 수 없는 소용돌이로 스스로를 던지는 일에 지나지 않게 된다. 예컨대 다음과 같은 광고 카피를 보자. 어려운 대한민국 경제에 대한 '우리는 할 수 있다' 식의 국정홍보처 광고로서 메인 카피는 '긍정의 힘을 믿습니다'이다. 물론 여기서 말하는 긍정은 우리가 말하는 존재론적인 의미와는 아무 상관이 없다. 다만 국가 권력이 국민들에게 현실에 대한 부정적인 의식을 버리라고 주입하는 것에 불과하다. 그래서 일반적인 의미로서의 부정과 긍정은 그 자리가 서로 바뀌는 기이한 현상이 벌어지고 있는 것이다.

긍정은 눈앞에 벌어진 어떤 현상을 곧이곧대로 접수한다는 것과는 너무도 판이한 문제인데 대체적으로는 주어진 현실을 받아들이는 것이 긍정이라고 치부하는 경향이 강한 것 같다. 다시 한 번 말하지만 긍정은 바로 새로운 존재론과 연관된 개념이며 새로운 삶의 양식을 창조하는 것을 그 표현형으로 삼는다. 따라서 이런 문제의식이 무너진 긍정에 대한 모든 담론은 다 허위이며 역으로 국가와 자본에 포획되는 결과를 초래하게 되어 있다. 구체적으로 말해서, 삶에 내재한 고유한 가치를 파괴하려는 무방비로 노출됨과 동시에 자본의 얼굴과 더욱 더 유사해질 것을 강하게 요구받을 것이란 말이다.

2.

조문경의 두 번째 시집 『노란 장미를 임신하다』는 이런 문제의식에 입각해 요모조모로 주의를 요한다. 시인은,

산 중턱에서 숨 한 번 몰아쉬고
내려다 본 산 아래의 풍경이
사소하게 한다, 내가 살아온 생을
흠뻑 땀으로 젖은 내가
다 긍정되는 순간이다

–「운길산을 오르며」 부분

물이 튀고 똥 덩어리 요동친다
갑자기 낄낄거린다
옆에 아이를 쳐다보더니 서로 웃는다

–「웃고 있다」 부분

보아라, 그림자도 없이 날아오르는 저 웃음
생은 자기가 세우고 노는 것
다시 요동친다
저 가는 모가지 진노랑꽃
아스팔트를 지배한다

–「저 노랑꽃」 부분

이렇게 사물의 현존재 상태를 어떤 의식이나 수사를 동원하지 않고 무구하게 시 안으로 옮겨다 놓는다. 기왕의 미학적인 가치 판단을 배제한 이런 시선은 시가 평이해 보인대서 쉽게 얻어졌다고 판단하면 난감해진다. 널리 알려진 상식이지만 다시 한 번 강조한다면, 시의 난해 여부는 시의 품격과는 아무 관련성이 없다. 즉 시의 평이/난이 문제가 시를 읽고 느끼는 일에 특히나 최종적인 판단의 문제까지 개입하는 것은 가장 속물적인 수용에 지나지 않는 것이다. 무엇보다 중요한 것은 독자의 어떤 전제된 의식이나 가치가 허물어지는 경험을 발생시키느냐 아니냐에 있다. 그래서 시 한 편이 독자를 안심케 하고 지친 삶을 위무하는 수준에서 머문다면, 미안하게도 그 작품은 창조와는 좀 떨어진 심급에 위치시킴이 옳다. 물론 시에 대한 각자의 수용 틀과 느낌의 주관성은 여기서 존중되어야 맞다. 단, 여기서 말하는 존중은 배제의 반대 의미로서만 가능한다.

다시 시로 돌아와 말하면 조문경의 시의 이런 평이성은 여차하면 독자로 하여금 읽기의 해이를 가져올 수 있는 위험도 내포하고 있음은 사실이지만, 이는 단지 시가 평이해서 생기는 문제는 아니다. 이 문제는 뒤에서 살펴보기로 하고 먼저 현실을 대하는 조문경이 가진 무구한 시선의 근원에 무엇이 웅크리고 있는가 하는 문제를 짚어보는 것이 우선순위가 더 높은 것 같다.

가마솥에 시래기를 넣고
장작불을 지핀다
얼마 후 굳게 닫힌 솥뚜껑 사이로
김은 새어나오며 들썩들썩거린다
웅크리고 있었을 물의 몸
쉐엑- 하는 소리를 내며
한 곳으로 힘차게
하얀 기둥을 만들며 천정으로 올라간다
티비에서 본 토네이도 모양인데
그 기둥을 물속에 숨어 있던 길이라고 할 수 있을까
어느 때까지는 기다리고
어느 때까지는 자기도 모르는 채 가지고 살던
아궁이 불이 활활 타오르자
순식간에 이뤄낸 저 길
여전히 솥뚜껑은 닫혀있지만
물은 안 것이다
몸은 가장 절정일 때 길이 된다는 것을
천정을 감싸던 김이 흩어진다
제가 오른 길을 거두어 또 다른 몸이 된다

–「몸속의 길」 전문

이 시는 아마도 이번 시집에서 가장 조문경다운 점을 고스란히 유지한 채 자신의 시가 탄생하는 잠재적인 지점을 지시하는 작품이다. 시집 전체에서 받는 무구한 긍정의 이면에는 사실 “물속에 숨어 있던 길”에 대한 무의식적인 욕망과 겹쳐져 읽히기도 하고 또 겹쳐서 읽을 때만이 우리의 읽기는 “순식간에 이뤄낸 저 길”을 자신의 안에서 발견할 수 있는 것이다. 긍정은 바로 “저 길”을 이루어내기 위한 배(胚)의 다른 이름이다. 만일 “물”이 제 몸 안에 잠재해 있는 “길”을 긍정하지 못할 때 다른 길은 창조되지 않으며 심지어 이런 궁극점, “제가 오른 길을 거두어 또 다른 몸이” 되어 “순간으로 영원”(「아름다움에 대해」)해지는 돈오의 순간은 경험할 수 없게 된다. 그러나 돈오가 ‘흩어지다’라는 다른 사건과 계열화되지 않고 또 다른 실체가 되면 그건 돈오를 가장한 괴물에 지나지 않은 법이다. 그래서 옛선사들은 주장자로 이 돈오라는 물건을 마구 때리거나 아예 팔 하나를 베어버렸다.

앞에서 조문경 시의 무구함이 “쉽게 얻어졌다고 판단하면 난감해진다”고 한 것은 바로 그의 시가 “불이 활활 타오”르는 이승의 인연을 스스로 짜깁기하면서 동시에 어떤 업보들은 풀어헤치는 행위를 반복했기에 가능한 때문이다. “생의 절반이 염증에 가 있었”으나 “구원은,” “불편함에서” 왔다(「생리대를 갈며」)라는 진술이나 “햇살이/유독 강한, 뒤엉킴, 긴장/들끓는” “틈”으로 “숨을 몰아쉬고 있었다”고 나직한 고백은 이승의 인연의 그물을 혼자 짜면서 푸는 무한 반복을 거부하지 않았노라는 육성으로 내게는 들린다. 그런데 이런 삶의 과정을 짧게 보여주는 시가 바로 「나비 떼」라는 시인데, 이 시에서 시인은 "솟구치고 땅바닥에 닿도록 내려앉고/하나 둘/길 없는 길" 내는 일은 "이 세상이 귀한 선물 같"다고 말한다. 하나만 더 덧붙이자면, "아름다움은 내용이 없"(「아름다움에 대해」)는 법이다. 그래서 「나비 떼」에서 보여주는 이미지는 끊임없이 운동하는 혼돈이다. 혼돈은 아무런 내용을 가지지 않는 법이니깐, 다만 시인은 저 '끊임없는 운동' 만 날것으로 우리에게 보여주는 것이다. "종잡을 수 없이" "날아오르고 날아간다/이어지고 이어지고/비어도 가득 찬/어질어질 나비 떼"의 모습은 바로 의미의 세계로 구성된 현실 세계를 지탱하는 거대한 생명의 바다의 모습과 흡사하다. 우리는 단지 생명의 바닷물이 튀어 올라 만들어진 물방울들이다. 나라는 물방울 너라는 물방울이 다만 거대한 우주의 시간 속에서 잠시 공존하는 것뿐이다. 우주의 시간에서 보자면 심지어 바닷가의 아득한 바위도 흐르는 액체에 불과하다고 말한 이는 들뢰즈였던가. 이렇게 우리의 상상력은 하나의 세밀화를 그릴 때에도 보이지 않으나 실재하는 세계로 자꾸 넘어가야 한다. 그 세계는 "아무리 표현하려고 해도/지금까지 되지 않는"다. 아니 더 심하게 "내 몸을 빠져나간/다홍빛"의 총량이나 "다홍빛"의 강도에 약간은 비례해서 우리는 그 세계에 도달할 수 있다. 나는 지금 삶의 고행을 말하고 있는 게 아니라 끊임없이 운동하는 삶의 이미지를 그리고 있는 중이다.

바람이 거세다
창문 안 버티컬이 흔들린다, 꽉 막혀 있어도
스민다는 것
듣는다는 것
속이 울렁거린다
내 허벅지가 서늘하다
베란다 화분에 연두색 싹이 터졌다

귀는 너의 것

내 속살을 여는
봄바람 거세다

–「싹 틔었다」 전문

삶의 끊임없는 운동에 대한 사유는 관념 나부랭이로서는 이행할 수 없다. 그것은 바로 우리가 가진 감각의 첨점을 어떻게 작동시키냐에 달려 있다. 오해를 피하기 위해 미리 말해두지만, '작동시키다'는 단순히 심리적인 의지의 문제가 아니라 바로 몸의 문제, 자신이 몸 안에 잠재된 생명력을 활발하게 드러내는 것을 뜻한다. 생명의 세계에서 동일한 모습을 단 한순간이라도 유지하고 있는 개체나 생태계는 없다. 아니 존재하는 모든 것이 그렇다. 같은 물에 두 번 손을 씻지 못한다고 한 헤라클레이토스의 말은 바로 이런 점을 표현한 경구일 것이다. 그렇다면 대저 삶은 무엇인가. 그것은 조문경의 언술을 빌리자면 목적지를 가지지 않는 '울렁거림'의 연속이다. 이 울렁거림이 "연두색 싹"을 틔운다. 하지만 울렁거림은 스며야 하고 스미기 위해서는 "속살을 여는" 과정을 통과해야 한다. 그런데 이 발생의 과정을 생리적으로만 보면 여기까지 말해도 좋으나, 한 가지 구체적인 사건의 문제를 우리는 언급하지 않을 수 없다. 그것은 "바람이 거세다"는 것! 그 바람은 "창문 안 버티컬이 흔들"리게 거세다는 것! 살아 있는 모든 개체는 바로 이 외부에서 전해 오는 폭력적인 사태 앞에서 뭔가를 강요받는다. 사유도 그렇고 행동도 그렇다. 다윈의 진화론에서 적응의 문제가 핵심을 이루는 것은 단순한 생물학적인 맥락을 넘어선다. 인간의 삶은 더욱 그렇다. 이 지점에서 외부에서 주어지는 폭력적인 사태와 생명의 자발성 혹은 능동성을 대립시키거나, 어느 한쪽에 과도하게 집중하는 것은 우리의 논의를 이상한 순환논리로 처박을 위험이 있다. 외부에서 주어진 대상을 앞세우면 우리는 값싼 유물론의 흐름에 투항하는 것이 되고 생명의 능동성을 무엇보다 선행하는 성질로 보기 시작하면 고집 센 주의주의에 빠지게 된다. 그렇다고 그 사이의 절충안을 고민하는 것은 경박함은 돋보이게 할지언정 우리에게 아무런 소득을 보장하지 못한다.

위 시에서 시인은 "귀는 너의 것"이라고 말한다. 앞뒤 산문적인 맥락을 살피면 느닷없는 돌출이 아닐 수 없으나, 시에서 나타난 감각의 프로세스를 살폈을 때는 뭐 그리 대단한 '느닷없음'도 아니다. 풀어 쓰자면 이렇다. '바람이 거세다 → (바람이)스미다 → (바람 소리를)듣다 → 속이 울렁거리다 → 허벅지가 서늘하다 → 연두색 싹 트다'. 따라서 "귀는 너의 것"이라는 말은 앞에서 적시한 동사의 계열을 종합 · 응축한 시인의 직관이다. 외부에서 주어지는 사태로 인한 감각의 흐름을 시인은 대담하게, 귀는 바람의 것이다,라고 종합한 것이다. 들뢰즈는 그의 주저 『차이와 반복』에서 "눈은 빛을 묶는다. 눈은 그 자체가 어떤 묶인 빛이다"라고 한 적이 있다. 이 말은 더 정확히 말하면 생명의 능동성과 외부의 대상이 서로 상대방을 함축하고 있다는 말이다. 그러니깐 우리의 '눈'은 빛에 대한 반응이면서 생명의 내재적인 포텐셜의 종합이라는 것. 그래서 생명체의 모든 기관은 외부의 조건에 어쩔 수 없이 수동적으로 적응한 결과물이거나, 전생의 부처님이 배고픈 호랑이에게 자기 팔뚝을 떼어 먹이듯이 인심 좋게 외부의 결과물로 선선히 결정할 게 아니라는 결론이 도출된다. 언어에 가해진 문법이라는 억압만 제거할 수 있다면 우리의 눈이나 귀는 아주 긴 이름을 가져야 마땅하다.

"귀는 너의 것"이라는 언술을 제법 복잡하게 음미하는 것도 바로 이런 이유에서다. 조문경의 "귀"는 '바람이 거세다 → (바람이)스미다 → (바람 소리를)듣다 → 속이 울렁거리다 → 허벅지가 서늘하다 → 연두색 싹 트다' 같은 사건들이 깊이 유기화된 결과물이다. 그러나 이게 단지 수동적인 수용이 아님을 그 자신이 이렇게 증명한 것이다. 귀는 너의 것! 네가 내 속살을 열고 네가 내 귀를 만들었지만 그렇다면 유기화된 '나'는 무엇인가. 바로 이 질문이 우리로 하여금 시를 쓰거나 읽게 하는 것은 아닐까?

3.

앞에서 나는, 조문경 시의 평이성이 독자로 하여금 읽기의 해이를 가져올 수 있는 위험도 내포하고 있다고 지적하였는데, 이는 사실 조문경 시의 가장 큰 약점이면서 지금껏 살펴 본 조문경의 인식에 배태된 위험성이 부정적으로 표출된 결과다. 문학주의자들은 이런 문제를 손쉽게 작품 내적인 문제로 치부해 버리는 경향이 좀 있다. 그런 관점의 결론은 그래서 너무 뻔하다. 시로 하여금 다른 삶을 창조케 하지 못하고 단지 '시에 대한 이데아'를 내세워 현재 존재하는 시(씌어진 시)를 억압한다. 즉, 당신의 시는 시적 완결성에 문제가 있어, 라는 협박으로 마치 시의 원형이 선험적으로 존재하는 것처럼 호도한 후 시의 원형에 더욱 근접한 모방품을 요구하는 것이다. 그러나 이런 식의 문학 교육은 결국 권력을 낳고, 문학은 누구나 '훈련'으로 접근 가능한 문화 상품으로 변질된다. 이것은 문학의 민주주의가 아니다. 문학에도 민주주의가 존재한다면, 그것은 지금 당신의 삶이 어떻게 표현되어야 하는가라는 보다 근원적인 질문을 던지는 것이 '문학의 민주주의'를 이룩하는 지름길이다.

항상 권력은 시혜를 베풀기는 좋아하지만 민중이 권력을 사유하기 시작하거나 현 체제를 회의하는 것을 원하지 않는다. 그래서 권력은 늘 민중의 삶의 양식이, 정신 자세가, 생활 습관이 문제가 있다고 말한다. 그래서 권력은 늘 계도하고, 준법을 강요하고, 캠페인을 벌이고, 사냥개를 훈련시키듯 더 높이 뛰면 더 갖게 해 주겠다고 교육한다. 이게 현존하는 모든 권력의 모습이다.

조문경 시의 평이성이 독자들에게 어떤 해이를 불러일으킬 위험을 내포하고 있다면 그것은 조문경의 시 내부에서 그 단초를 발견해야지 바깥에서 무언가를 끌어와 '결핍'을 증명하는 방식을 택하는 것은 잘못 설정된 문제를 내놓은 것과 다를 게 없는 것이다.

해돋이를 보러 갔다
흐리고 구름이 끼어
불그스레하다
감춰져 드러나는 것
마음으로 떠오르는 해를 그려 본다
절정은 마음에만 있는 것인가
실망한 사람들이 우르르 내려가고
나도 아쉽게 돌아서려는데, 순간
내 몸이 발끝까지 붉다
구름이 열리며 아주 잠깐
용광로의 눈은 떠진 것
기다림이 없었더라면 소용없었을 일출
다시 구름 닫히고 사라진 것이
내 안에 뜨겁다

내가 된 역사가

—「일출」 전문

보리밭이 출렁하는데
내가 출렁한다
보릿대가 반쯤 기우는데
내가 반쯤 눕는 듯하다
바람이 가셨는지 보리가 서서는
조용히 제 힘으로 흔들린다
내가 흔들리는데
가시 같은 보리 수염에 햇살이 반짝인다
가슴에 황금알들이 박히고
다시 내가 출렁한다

대답이라는 것이 이렇게 많나 보다
바람은 그냥 지나는 것이 아니라는 듯
연신 출렁인다, 보리는
"네" 하며

—「보리밭은」 전문

예로 든 위 두 편은, 사실, 아주 시적 긴장이 풀어진 시

편들은 아니다. 그러나 힘이 풀어진 평이함으로 조문경의 시가 곧잘 변질되는 지점을, 일단 나는 위 시들에서 찾을 수 있다고 생각한다. 「일출」은 "해돋이를 보러 갔다"가 "아주 잠깐" 보게 된 '일출'의 경험을 그려낸 소품이다. 시인은 이 작품에서 "내 안에 뜨"거운 "내가 된 역사"를 깨닫게 된 순간을 그려 보고 싶었던 것 같다. 그러나 이 시에서 독자인 우리가 감응할 수 있는 여지는 많지 않다. 도리어 시인의 과잉된 정서만 넘실대고 있거니와, 일테면 "순간/내 몸이 발끝까지 붉다" 같은 극적 순간의 포착은 그 시작에 불과하다. 실제로 그런 경험을 맞았느냐 아니냐는 다들 아시다시피 시비 거리에도 끼지 못함은 물론이고 "구름이 열리며 아주 잠깐/용광로의 눈은 떠진 것"이라는 표현은 이 시에서 순도가 가장 높은 부분임에도 불구하고 아주 잠깐 사이에 평범한, 아니 주의주의적인 지점에서 갑자기 우뚝 서고 말았다. 무엇 때문일까. 그것은 바로 내 안을 뜨겁게 한 (그 디테일은 말하지 않았지만) "내가 된 역사"에 대한 낙관적인 긍정(?)에 원인이 있다고 나는 생각한다. 모든 가치는 오염된다. 삶의 순금에 해당된다고 공유될수록 더 그렇다.

다음에 예로 든 「보리밭은」어떤가. 복잡한 분석을 요하지도 않는 작품이기에 단도직입적으로 말하겠는데, "보리는/"네"하며" 흔들리지 않는다! 바로 "네"가 삶에 대한 긍정이라 단순화시켜 버린 조문경의 오류가 드러나는 이 지점에서 조문경의 시는 갑작스럽게 아무런 공명을 발생시키지 않는다. 우리에게 주어진 오늘이 어제와 '같은' 시간이라고 생각하는 사람에게는 권태만이 주어진다. 반대로 지금 나의 현재가 어제와 '다른' 시간임을 느끼는 사람은 본능적으로 생명력을 더 팽팽하게 하려 할 것이다. 이건 단순한 윤리 문제나 심리 문제가 아니다. 바로 살아 있는 개체의 자기 보존 능력(코나투스)에 다름 아니다. 즉, 존재론적인 층위의 얘기다. 그런데 "보리는" 지나가는 바람에 단지 반응할 뿐이다. 그것도 "네"하면서 말이다. 그런데 누가 "네"를 말하는 것일까. 삶에 대한 긍정을 사유하려는 이들에게 들뢰즈의 니체 해석은 경청할 만하다. "영원회귀 안에서의 두 번째 선택은 영원회귀가 적극적 생성을 낳는다는 데 있다. 반응적 힘들이 되돌아오지 않는다는 것을 이해하기 위해서는 무의의지와 영원회귀를 비교하는 것으로 충분하다. 그것들(반응적 힘들)이 아무리 멀리 가고, 힘들의 반응적 생성이 아무리 심오하다고 할지라도, 반응적 힘들은 되돌아오지 않는다. 보잘것없고, 하잘것없는, 반응적 인간은 되돌아오지 않는다. 영원회귀에 의해서, 그것 속에서 권력의지의 성질로서 부정은 긍정으로 전환되고, 부정 자체의 긍정이 되고, 긍정하는 힘 puissance, 긍정의 힘이 된다."(『니체와 철학』, 질 들뢰즈, 민음사, 136쪽)

마치 주어진 현실을 받아 안는 것이 '긍정'이라고 말하는 사람들은 현실적으로 권력자들이고 어떻게든 현 체제와 이해관계를 맺은 존재들이다. 아니면 "겸손, 고통과 질병의 감수, 처벌하는 자에 대한 인내, 진리가 양식으로 도토리와 석탄을 주기라도 하듯이 진리에 대한 선호, 그 현실적인 것이 사막일 때조차 현실적인 것에 대한 사랑" 등등을 품고 있는 "긍정의 본성에 대한 오해"(같은 책 312쪽)를 포기하지 않으려는 사람들이다. 그래서 들뢰즈는 말한다. "있는 그대로의 현실이란 나귀의 관념이다." "니체의 주장은 다음과 같이 요약된다. 아니오라고 말할 줄 모르는 예(나귀의 예)는 긍정의 희화화다." "긍정하는 것, 그것은 창조하는 것, 짐을 지지도 견디지도 수락하지도 않는 것이다." 더 나아가 "긍정은 존재이다. 존재는 긍정의 대상이 아니며, 긍정에게 자신을 짐 지울 어떤 요소는 더더욱 아니다. 그와 반대로 긍정은 존재의 힘이 아니다. 긍정 자체는 존재이고 존재는 그것의 모든 힘 속에서의 긍정일 따름이다."(320~321)

한 마디로 요약하자면 긍정은 존재를 긍정하는 것, 존재를 파괴하거나 존재를 병들게 하는 것을 받아 안는 것이 아닌 것이다. 긍정은 지나간 시간을 용인하는 것이 아니라 지나간 시간을 바꿔내는 실천인 것이다. 긍정은 지나가는 현재를 그냥 허무하게 보내는 것이 아니라 다른 현재를 향한 열림인 것이다. 긍정이 속화되었을 때, 우리는 현실에 대한 용인으로 추락한다. 그래서 현실이 우리에게 짊어지게 한 짐을 수락하게 된다. 그리고 우리는 "진리에 대한 선호"와 善이데올로기에 투항한다. 확실히 조문경의 긍정은 이 입구에 와 있다. "아름다운 관계일지라도/제 몫의 고통은 수반된다"(「나팔꽃을 봤다」), "할아버지가 웃는 얼굴로 휙 쳐다보며/인생은 일장춘몽이여 즐겁게!"(「춤추듯이」), "오욕칠정의 감정, 저 사람들의 행렬"

(「깊은 대화」)에서 전자와 가까운 느낌을 받았다면, “왜 줬을까 묻지 말자/나는 부자였으므로”(「나는 부자다」), “대문 앞에 긴 대궁으로 올라온 파꽃이/노부부의 마음을 전한다”(「그리움」), “어디서 날아왔는지/새 한 마리 나뭇가지에 앉아/노부부 배웅한다”(「소리가 들리다」)에서는 후자의 그림자가 어른거린다.

물론 선에 대한 지극한 사유와 탐구는 권장할 만하다. 신기하게도 지극한 선은 시에 색다른 풍경을 우리에게 제공한다. 그러나 그 선은 이미 우리의 의식에 전제된 선의 내용을 전복할 때 가능한 무엇이다. 그리고 내용이 전복된 선이 주는 느낌은 우리를 자꾸 시 밖으로 유혹하기도 한다. 사실 시 안에서 늘 배회하는 것보다는 시 밖에서 시를 쓰는 행위가 더 긴박해진 오늘이긴 하다.

4.

그런데 긍정에 대한 조문경의 오류는 사실 그에게만 ‘책임’을 지울 수는 없는 노릇이다. 우리에게 주어진 현실은 늘 우리에게 동일한 반복을 보여주기 때문이다. 따라서 일상에서 우리가 늘 새로운 현재를 맞는다고 말하는 것은 아주 순수한 주장일 뿐이다. 그러나 시에서 그것까지 용인하는 것은 우리에게 새로운 세계는 존재하지 않는다고 말하는 것과 같은 말이다. 현실 세계에서의 감각은 실상 권태롭다 할지라도 시의 감각은 늘 현존하지 않는 세계에 닿아 있어야 한다. 생명의 세계는 살아 있는 개체의 감각이 손쉽게 느낄 정도의 급격한 단층을 제공하지 않는다. 그래서 생명의 세계는 늘 같은 무엇이 반복된다고 우리는 속게 되는 것이다.

조문경의 시가 순간순간 보여준 '영원'의 세계에서 너무 쉬이 '현실'의 세계로 그것도 자주 내려오는 것은 아마도 이런 이유가 크게 작용했을 것이다. 어쩌면 그는 잠깐 맛보았던 득의에 너무 쉽게 의지했는지도 모른다. 앞에서도 얘기했지만, 옛 선사는 그런 마음을 무자비하게 베어 버린다. 현대는 참으로 경박한 세상이어서 이제 누구에게 가서 그런 가르침을 청할 것인가. 그런 가르침이 그렇게 절박하기는 한 것인가. 지금 눈앞에 펼쳐진 현실은 숱한 소피스트들을 추앙하고, 그들에게 조금은 섣부르게 면류관을 얹어준다. 플라톤이 서양 철학사에 들뢰즈의 말대로 '초월'이라는 독을 반입하였는지는 몰라도, 최소한 플라톤은 신이 무너진 자리에 신의 잔존물들이 당대의 삶을 좀먹고 있다고 판단했는지도 모른다. 플라톤의 형편은 플라톤의 것이고, 우리가 시를 읽고 쓰는 일을 계속해야만 한다면 우리에게 주어진 현실과 우리가 읽고 쓰는 시가 종합되는 어떤 진경을 포기하지 않아야 하는 것은 우리의 몫이다.

"눈은 그 자체가 어떤 묶인 빛이"듯, 혹은 무수한 외부 사태들이 유기화된 후에 조문경이 "귀는 너의 것"이라고 말하듯 시는 우리에게 주어진 삶의 조건들과 묶인 것이어야 하지 않겠는가. 이는 실천이니 리얼리즘이니 하는 문제와는 다른 얘기다. 늘 동일하게 반복되는 듯한 생활 속에서 드러나지 않은 삶의 究竟을 사유 · 행위 하는 것이야말로 가장 시적인 자세다.

지극히 개인적인 견해라는 점을 미리 밝히고 결론짓거니와 문학은 들뢰즈가 니체를 통해 말하는 철학처럼, 가장 반시대적이어야만 한다!

손과손
아모르파티 시선 01

노란 장미를 임신하다

초판발행 2008년 6월 2일

지은이 조문경
펴낸이 최영남
펴낸곳 도서출판 손과손
등록번호 제2008-04호(2008. 1. 28)

주소 서울 양천구 신월동 희망길 6 (〒158-823)
이메일 handandhand@hanmail.net
전화 02-2606-0369 Fax 02-873-3260
영업 02-2273-4825 Fax 02-2271-3158

ISBN 978-89-961147-0-3 02810

정가 7,000원